CB010709

PIADAS NERDS

As melhores piadas para a
MÃE NERD

PIADAS NERDS

As melhores piadas para a
MÃE NERD

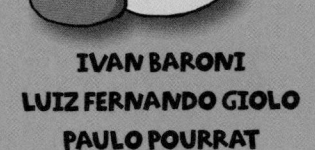

IVAN BARONI
LUIZ FERNANDO GIOLO
PAULO POURRAT

1ª edição

Rio de Janeiro-RJ / Campinas-SP, 2012

VERUS
editora

Editora: Raïssa Castro
Coordenadora Editorial: Ana Paula Gomes
Copidesque: Anna Carolina G. de Souza
Revisão: Ana Paula Gomes
Capa e Projeto Gráfico: André S. Tavares da Silva
Ilustrações: Carlos Ruas

ISBN: 978-85-7686-181-2

Verus Editora Ltda.
Rua Benedicto Aristides Ribeiro, 55, Jd. Santa Genebra II, Campinas/SP
13084-753 | Fone/Fax: (19) 3249-0001 | www.veruseditora.com.br

CIP-BRASIL. CATALOGAÇÃO NA FONTE
SINDICATO NACIONAL DOS EDITORES DE LIVROS, RJ

B245p

Baroni, Ivan
   Piadas nerds : as melhores piadas para a mãe nerd / Ivan Baroni,
Luiz Fernando Giolo, Paulo Pourrat ; [ilustrações Carlos Ruas]. - 1.ed. -
Campinas, SP : Verus, 2012.
   il.

   ISBN 978-85-7686-181-2

   1. Mães - Anedotas. 2. Humorismo brasileiro. I. Giolo, Luiz Fernando.
II. Pourrat, Paulo. III. Título.

12-0958

CDD: 869.97
CDU: 821.134.3(81)-7

Revisado conforme o novo acordo ortográfico

Mãe nerd nunca guarda rancor.
Faz backup das mágoas e esquece no HD.

Agradecimentos

Muitas destas piadas não estariam aqui se não fosse pela mente criativa destes brilhantes filhos da mãe nerd, só para não perder a piada. Muito obrigado pela colaboração:

@celscientific, @daniel_nog, @Defelper, @Dulcídio, @edinhomalvadeza, @edmarruvsel, @engdepressao, @Fabinhou, @fernandomp, @franchzilla, @hbariani, @itsmaarc, @jackpudim, @jesslang, @jzqueiroz, @LeHouat, @leonardopc12, @lixbearg, @Luiu, @marcoscastro, @Mateusvsv, @maurihirata, @mihfreisinger, @MongeNerd, @naahdesouza, @PreVestDaDepre, @rafaelsparks, @Raposa_Branca, @rbrapha, @RodolfoScotolo, @su_galhego, @Sybaspaiva, @tati_kin, @victorlust, @vini_mirago, @vitor_san, @x_mew, @Zaymo.

INTRODUÇÃO

Sobre mães e nerds

ãe é mãe! E isso é um axioma, não precisamos provar nem demonstrar, tampouco podemos duvidar dessa óbvia e sagrada afirmação postulada.

Mãe é uma "raça" biologicamente programada para nos amar incondicionalmente, tanto que é o cromossomo do pai que decide o sexo do bebê, ou seja, ela vai aceitar você do jeito que for. E, mesmo ela tendo lhe dado sua primeira mitocôndria, que você usa para gerar energia e se manter aquecido, não adianta – ela sempre vai mandar você levar um casaquinho.

Todos dão muito valor à figura materna, mas, num mundo em que o nerd ainda é visto como excêntrico e, portanto, ainda é vítima de preconceito, o valor do amor incondicional de mãe é ainda maior. Além disso, ela foi nossa primeira professora, nossa primeira guia neste curioso e fascinante mundo enquanto o experimentávamos: "Não coma isso, faz mal", "Tire o dedo daí, dá choque", "Não mexa nisso, vai quebrar!" O

que seria do nerd sem essas valiosas lições de causa e efeito?

Não por acaso, a cultura nerd é sempre muito gentil com as mães. Aprendemos bastante com as grandes figuras maternas da ficção, por exemplo:

- Com a Mulher Elástica, que as mães precisam ser flexíveis e fazem contorcionismos para cuidar da família.
- Com Lílian Potter, que as mães se sacrificam pelos filhos e lhes ensinam que o amor é maior que qualquer força maligna.
- Com tia May, que as mães preferem acreditar que ser bagunceiros é característica de homens brilhantes.
- Com Martha Kent, que, com apoio e boa educação, o filho pode ser Super!

No nosso universo, mães sempre são vistas com muito carinho. Tente imaginar o Luke Sky-

walker gritando "NOOOooo" depois de ouvir "Luke, I am your mother". É impossível!

Este livro veio para homenageá-las e até fazer você perceber o pouco (ou muito) de nerd que existe em sua mãe. Sabedoria de mãe é tão importante quanto o conhecimento científico. Lembre que você veio sem manual, sem assistência técnica, sem readme.txt e sem direito a devolução! Coube a ela descobrir sozinha como essa coisa toda funcionava, e o fato de ela não ter compilado um manual registrando todo esse conhecimento adquirido significa que, mesmo agora, esse processo ainda não terminou. E você aí, se achando o nerdão por entender um pouquinho de física quântica... tsc tsc.

E para você, mãe, que pode até estar pensando que talvez nem seja tão nerd assim: ora, pense que, se o corpo humano é uma "máquina perfeita", você é uma tremenda de uma engenheira! Concorda?

@PiadasNerds

PIADAS

Mãe nerd não telefona para perguntar onde você está, procura direto no Google Latitude.

Mãe química chama os filhos de Éster e Hélio.

Mãe nerd, quando tem gêmeos, os chama de Ctrl C e Ctrl V.

Mãe nerd não diz "Pergunta pro seu pai", diz "Procura no Google".

Para a mãe nerd, ter plano de saúde é assinar Norton, Avast ou AVG.

Coração de mãe nerd não se engana, consulta a Wikipédia.

Mãe nerd não registra o filho no cartório, abre um perfil no Facebook.

Mãe nerd: "Pode comer tudo! Cara feia pra mim é placa de vídeo ruim!"

SE FIZER BIRRA DE NOVO, VAI PRO CASTIGO. AGORA COMA SEUS VEGETAIS.

Mãe nerd: "Meu filho, você precisa estudar desde cedo! Tá pensando que a vida é derivada de constante?"

Mãe nerd, quando tem um ótimo físico, não é porque frequenta a academia, é porque o filho se formou em física.

Mãe nerd não faz tricô, resolve cubo mágico.

Mãe nerd: "A verdade, minha filha, é que os homens são mais complicados que nós. A mulher é XX e o homem XY, eles têm uma variável a mais".

Mãe nerd: "E pode tratar de estudar, porque eu não criei filho para ele saber só duas casas decimais do π".

Mãe nerd, corrigindo a redação do filho, desenha cobrinhas vermelhas embaixo das palavras com erro de ortografia.

Mãe nerd: "Chega de doces! Cookies agora só do navegador".

Mãe nerd não grita para o filho sair da internet, manda uma DM no Twitter.

Mãe nerd dando bronca: "Tá de castigo! Saia já do seu quarto!"

Minha mãe é tão nerd que, em vez de fofocar sobre a vida dos outros, envia relatório de erros para a Microsoft.

Mãe nerd quando fica brava: "Filho, o limite da minha paciência está tendendo a zero!"

— Filho, vá arrumar seu quarto.

— Estou sem tempo.

— Então usa Torricelli.

Mãe bióloga batiza apenas um de seus filhos gêmeos, para manter o outro como "controle".

— Mãe, esqueci minha
senha!

— Reza para são Login.

— Vá brincar lá fora, menino.

— Agora o sol está muito
quente! Mais tarde eu vou,
quando esfriar.

— Vai sair só daqui a cinco
bilhões de anos?

🌸 Mãe nerd cantando música de ninar: "N patinhos foram passear [...], mas só N-1 patinhos voltaram de lá..."

🌸 Mãe nerd: "Minha filha, fique longe de quem atrasa sua vida... Saia já desse Internet Explorer e abra um navegador decente".

— Você não vai sair antes de limpar, filho.

— O quarto já tá arrumado.

— Estou falando do disco rígido.

Mãe nerd não chama os filhos de José, João ou Antônio. Chama de Luke, Spock e Sheldon.

Mãe nerd: "Filha, lembre que casamento é como Machado de Assis: começa no Romantismo, mas logo cai no Realismo".

Mãe nerd: "Filha?! Por que tanta maquiagem? Você está parecendo cosplay de Pikachu!"

Mãe nerd: "Filho, você acha que este vestido me deixa com simetria radial?"

Mãe nerd ensinando biologia: "Sabe como é chamada a enzima que mudou muito e parou de ligar para a mãe? Enzima desnaturada".

BOTA UM CASACO,
VAI PEGAR
RESFRIADO!

MÃÃÃÃÃE!

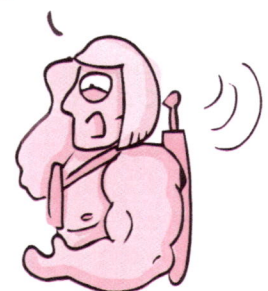

Mãe nerd não puxa as cobertas para te acordar, toca pokéflauta.

Mãe nerd não diz "Vá com Deus, meu filho", diz "Que a Força esteja com você".

Mãe nerd não tem livro de receitas, tem livro de algoritmo.

Mãe nerd, quando te envergonha, é porque postou no Facebook uma foto sua bebê e te marcou.

Mãe nerd: "Minha filha, os homens só se interessam pelo que você tem por fora. Só os zumbis valorizam seu cérebro".

Mãe nerd não joga cacheta, joga Magic.

Mãe nerd não compra CD do Roberto Carlos, puxa a discografia completa por torrent. (As seminerds pedem para VOCÊ puxar.)

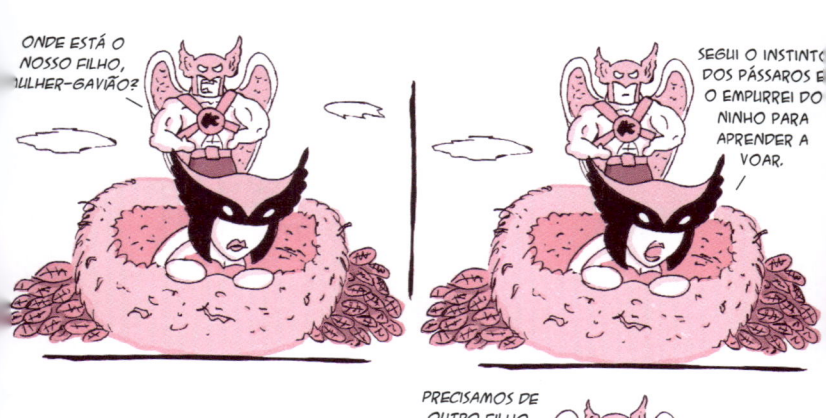

Mãe nerd não canta "Boi da cara preta" para o bebê, assobia a "Marcha imperial".

Mãe nerd não grava o nascimento do filho, faz streaming.

Mãe nerd manda você dirigir com responsabilidade, até mesmo no GTA.

ISSO VAI AJUDÁ-LO EM SUA
JORNADA, PEQUENO HOBBIT.

AGORA TRAGA PÃO, LEITE E
BISCOITOS, PEQUENO HOBBIT.

RENATO, MÃE,
MEU NOME É
RENATO.

Mãe nerd acha que filho é como circuito elétrico: quanto maior a resistência em comprar o que ele quer, maior a tensão enfrentada.

— Mãe, chamei a galera da party para comer aqui em casa, tudo bem?
— Quantos slots?

A filha chega em casa:
– Mãe, já sabe a última do vestibular?
Mãe nerd: – Só espero que não seja você...

Mãe nerd: "Filho, aqui em casa, 'sair' é verbo transitivo e precisa de complemento! Vai sair para onde?"

Mãe nerd não dá uma olhada nas fofocas da novela, checa as fofocas do WikiLeaks.

Mãe nerd: "Meu filho, que mochila é essa? Está mais pesada que o Windows Vista!"

DE CASTIGO, JÁ PARA
SUA POKÉBOLA!

— Mãe, acho que estou com problema de vista.

— Então volte para o XP.

Mãe nerd: "Se fizer má-criação, o homem da pokébola vai te capturar".

— Mãe, estou com uma dor de cabeça constante.

— Tire a derivada.

Mãe nerd chama os filhos de Ana, Otto e Renner, porque adora palíndromos.

O Flash é tão rápido que a mãe dele não deu à luz, deu neutrino!

– Filho, como foi na prova?
– Tirei 10!
– Em binário ou decimal?

Mãe nerd: "Aquele menino não me ouve... Acho que vou começar a gritar igual a dublador de *Dragon Ball*!"

Mãe nerd: "Meu filho, cuide bem de mim, porque mãe só tem uma. E não venha me falar da placa-mãe!"

— Mãe, o que vai ter de almoço?

— Dá uma olhada na minha timeline, tuitei sobre isso hoje.

Mãe nerd briga com o filho quando ele tira o pen drive sem clicar em "Remover hardware com segurança".

Mãe nerd abre o pote de geleia jogando água quente na tampa porque conhece termodinâmica.

Mãe nerd para o filho de 18 anos: "Filho, você nem usa software livre e quer vir falar de independência?"

Mãe nerd só fica feliz depois que você já postou no Twitter o #FelizDiadasMaes para ela. Só falar não basta!

Quando você sai para jantar, a mãe nerd diz: "Vê se não exagera nos ácidos graxos saturados!"

Filho no banho: – Mãe, esqueci a toalha!
Mãe nerd: – Mas que tipo de mochileiro é você?

Mãe nerd não cai na desculpa: "Já vou, me deixa só achar o save point". Ela sabe que você está jogando no emulador.

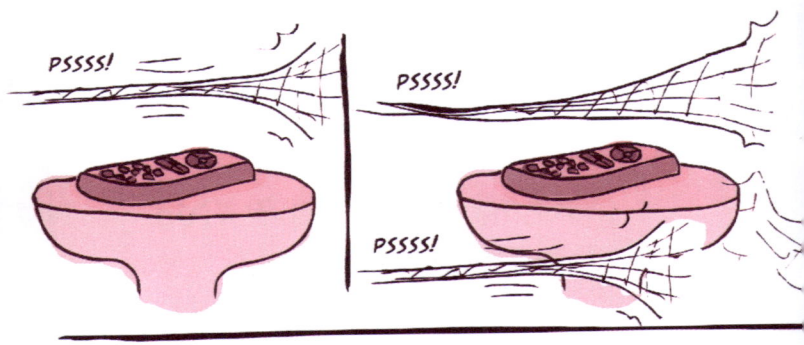

PSSSS!

PSSSS!

PSSSS!

DEIXE DE SER PREGUIÇOSO E LEVANTE PARA PEGAR O CONTROLE!

— Mamãe, olha o desenho que eu fiz para você.

— No paint, menino?! Que noob!

Mãe nerd: "Você não vai querer me ver brava... Nem Voldemort tem coragem de dizer meu nome quando eu fico assim!"

Mãe nerd escreve carta para o gerente do supermercado para reclamar que muçarela está escrito com "ss".

— Mãe, o cachorrinho está olhando pra mim. Posso levar pra casa?
— Não, filho. Ele não cabe na pokébola.

QUANDO VOCÊ FOR MÃE
VAI VER, A GENTE
SE DIVIDE EM DUAS.

— Eu vou contar até 10 pra você descer daí, senão vai apanhar: 1, 10!
— Ah, mãe, você não disse que seria em binário!

Mãe matemática assiste à Fashion Week porque entende tudo de média, mediana e moda.

QUE LINDINHO. TÁ COM QUANTOS MESES?

O DOWNLOAD JÁ ESTÁ EM 73,5%.

Mãe nerd: "Minha filha, se os relacionamentos fossem fáceis, viriam com readme.txt".

O que a matemática grávida responde quando lhe perguntam se é menino ou menina?
"Sim."

FINISH HIM!

MÃEMALIT!

Filho pequeno: — Mãe, dá um oi para o meu amigo imaginário.
Mãe nerd: — Olá, $\sqrt{-1}$!

Ontem eu quis sair para brincar antes de fazer a tarefa. Minha mãe pegou a vassoura, bateu no chão e gritou: "You shall not pass!"

Mãe nerd tenta deixar o X.salada mais saudável derivando-o e ficando apenas com a salada.

Em coração de mãe sempre cabe mais um. A menos que tenha Chagas, daí cabem vários.

E já dizia a minha mãe: "A palavra vale Ag, mas o silêncio vale Au".

Mãe nerd: "Coma, filho! Você não é gordo, só é cheio de energia. Afinal, $E = mc^2$".

– Mãe, estou com dor de cabeça.
– Para, cê tá mal.

Mãe de programador:
"Evite os vírus e fique longe do crack".

O que a mãe algebrista coloca na salada?
α-ce, ππ-no, τ-mate, χ-abo, μ-lho verde e β-raba.

QUE SAUDADE DE QUANDO VOCÊ ERA PEQUENININHO.

EU CRESCI, MÃE.

MAMMA MIA!

PAF!

AAAAH...

SACANAGEM

Mãe nerd pode ficar brava com o filho, mas nunca ameaça tirar a internet. Ela acha muita maldade com o coitadinho.

Qual é o arquivo que a mãe nunca deixa o filho chegar perto?
Pdf.file

Mãe nerd rezando: "Deus, dai-me paciência para lidar com esse menino, pois, se me der força, viro Sith!"

Mãe nerd aconselhando o filho: "Não transforme seu trabalho em algo negativo: evite atritos!"

— Pô, mãe, essa é uma festa à fantasia e você aparece com roupa normal?!
— Engano seu, eu estou de Mística.

Mãe nerd: "Cuidado com os namorados-Sonic, minha filha. Não podem ver uma aliança que saem correndo".

Mãe lendo o histórico escolar do filho é como energia nuclear: no começo é para o bem, mas no fim só se lembra das bombas.

Mãe nerd: "Está atrasado? Cuidado com a velocidade da luz! Se correr demais, chega mais atrasado ainda!"

Minha mãe adora fazer comida japonesa só para me ouvir dizendo quando saio: "Até mais, e obrigado pelos peixes".

Mãe nerd não assiste a *Sex and the City*, assiste a *The Big Bang Theory*.

CARA, MUITO ENGRAÇADO ESSE LIVRO DE PIADAS DE MÃE NERD, A MINHA MÃE VAI AMAR E...

BUÁÁÁÁÁ!

— Mãe, ninguém me leva em consideração na escola.

— Calma, menino. Lembre que isso não é nada perto do que passam o atrito e a resistência do ar.

Conselho de mãe nerd: "Nunca julgue um livro pelo filme".

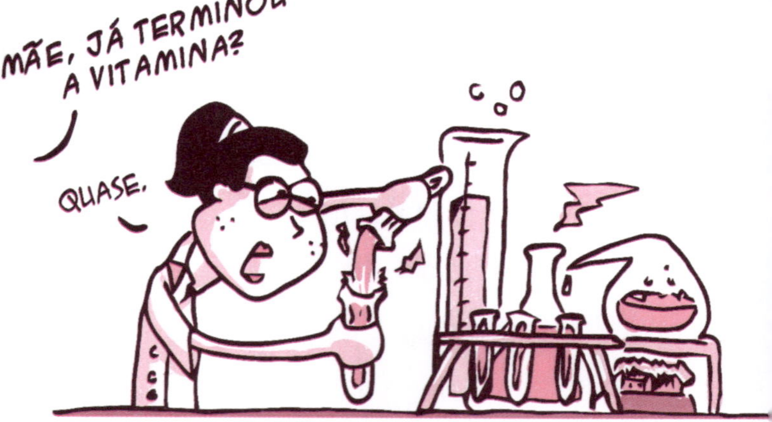
MÃE, JÁ TERMINOU A VITAMINA?
QUASE.

— Mãe, não vai dar para passar o Natal em casa.

— Como assim? Tá pensando que é que nem o hidrogênio, que não tem família, é?!

Mãe nerd na cozinha não experimenta receitas, testa reações químicas.

Bronca de mãe nerd: "Filho, paciência tem limite! Se continuar assim, pela direita ou pela esquerda você vai descobrir que ela não tende ao infinito".

Ditado de mãe nerd: "Para bom desenvolvedor, uma compilação basta".

O que uma mãe baiana e programadora fala para o filho?
"Ó, meu array!"

— Estude, menino. Você não pensa no futuro?
— Claro que sim. Faço prova já pensando na recuperação.

— Mãe, não estou encontrando meu tênis!
— E daí? Tenho cara de Ctrl F por acaso?

— Mãe, o que tem para o almoço hoje?
— Te dou uma dica: 2 mols de sulfeto de cobre...
— CuSCuS!

Mãe nerd é aquela que diz, depois de uma prova frustrada do filho: "Tudo bem, valeu pelos XPs".

Quando o filho vai viajar, a mãe nerd não diz "Ligue quando chegar", diz "Não se esqueça de fazer o check-in no Foursquare".

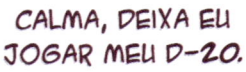

Namorada do filho:

– Humm... Essa comida está ótima, a senhora tem que me passar a receita.

Mãe nerd: – Pega lá no meu blog.

O que a mãe do índio lhe disse?

"Nunca fale com estanhos."

Mãe nerd te ensina a compartilhar, curtir a vida, mas explica que cutucar é feio e recomenda que você não aceite perfis estranhos.

Mãe nerd não tem jardim zen, tem FarmVille.
(A Martha Kent tem SmallFarmVille.)

🌸 Mãe nerd não segue novela, segue *Lost*.

🌸 Mãe nerd programa para o filho nascer na sexta, só para dar #FollowFriday.

🌸 Mãe nerd não faz a piada "É pavê ou pá comê", retuíta o @PiadasNerds.

Quer ler mais piadas como estas?
Acompanhe o Piadas Nerds na internet:

@PiadasNerds
www.facebook.com/CurtirPiadasNerds

E conheça os outros livros da coleção em:
www.piadasnerdsbooks.com.br

Impressão e acabamento: Sermograf